Fanny zu Reventlow

Essays

CLASSIC PAGES

Reventlow, Fanny zu

Essays

Reihe: *classic pages*

ISBN: 978-3-86267-141-0

Auflage: 1
Erscheinungsjahr: 2011
Erscheinungsort: Bremen, Deutschland

Europäischer Literaturverlag GmbH, Fahrenheitstr. 1, 28359 Bremen (www.elv-verlag.de).

Inhaltsverzeichnis

Erinnerungen an Theodor Storm	5
Das Männerphantom der Frau	12
Viragines oder Hetären?	30
Erziehung und Sittlichkeit	46

Erinnerungen an Theodor Storm

(1897)

Am grauen Strand, am grauen Meer
Und seitab liegt die Stadt,
Der Nebel drückt die Dächer schwer
Und durch die Stille rauscht das Meer
Eintönig um die Stadt.
Doch hängt mein ganzes Herz an Dir,
Du graue Stadt am Meer,
Der Jugend Zauber für und für
Ruht lächelnd doch auf Dir, auf Dir
Du graue Stadt am Meer.

In Husum, der kleinen, grauen Stadt am Nordseestrand, zieht sich dicht am Hafen eine enge stille Straße hin, genannt die »Wasserreihe«. Dort steht ein schmuckloses Haus, umgeben von einem schwarzen Bretterzaun, über dem uralte Kastanienbäume ihr dunkles Laubdach emporwölben. In diesem Haus wohnte Husums Dichter Theodor Storm lange Jahre seines Lebens hindurch, hier hat er jene Novellen geschrieben, die auf dem Boden seiner Heimat spielen, auf dem Boden dieses abgelegenen, in grauen Nordseenebeln verborgenen Erdenwinkels, dessen intime Reize keiner wie er zu belauschen und so unvergleichlich wiederzugeben wusste.

Seinem bürgerlichen Beruf nach war Storm, solange er in Husum lebte, Amtsrichter. Die Husumer pflegten, in der Liebe und Verehrung für ihren Sänger, seinen Titel stets zu ignorieren und nannten ihn zum Unterschied von zahlreichen Namensvettern nie anders als »Dichter Storm«. Er selbst verabscheute alles, was einer Beweihräucherung ähnlich sehen konnte.

Als ihm einmal in einer Abendgesellschaft ein besonders begeisterter Verehrer in etwas aufdringlicher Weise zu huldigen bestrebt war, indem er stets aufs Neue sein Glas emporhob und, Storm zutrinkend, ausrief: »Dichter! – Dichter!«, da wandte Storm sich schließlich ärgerlich mit einem ziemlich laut gemurmelten »Schafskopf« ab und würdigte den armen X. keines Blickes mehr. Er wollte eben, wie jeder wahre Künstler, nur ein Mensch unter Menschen sein.

Storm hat nie zu denen gehört, die Unrast des Genies auf unruhig verschlungenen Wegen durch die Welt umtreibt. Ihn hat der kleine Kreis, in dem sein Leben verlief, nie im freien künstlerischen Schaffen eingeengt. Er hat sich die seltene Gabe der Lebensfreude am Kleinen und Kleinsten bis ins späteste Alter hinein bewahrt, obgleich das Leben auch ihm manches schwere Herzeleid zugefügt hat. Seine erste Frau, die von seltener Schönheit gewesen sein soll, starb bei der Geburt des 7. Kindes. Ihr hat er die ergreifenden Verse nachgedichtet:

Das aber kann ich nicht ertragen,
Dass so wie sonst die Sonne lacht,
Dass wie in deinen Lebenstagen
Die Uhren gehen, Glocken schlagen,
Einförmig wechseln Tag und Nacht;

Dass, wenn des Tages Lichter schwanden,
Wie sonst der Abend uns vereint;
Und dass, wo sonst dein Stuhl gestanden,
Schon andre ihre Plätze fanden
Und nichts dich zu vermissen scheint.

Indessen von den Gitterstäben
Die Mondesstreifen schmal und karg
In deine Gruft hinunterweben
Und mit gespenstig trübem Leben
hinwandeln über deinen Sarg.

Storm heiratete später noch einmal. Sein Familienleben war auch in zweiter Ehe das denkbar glücklichste. Seine Gattin wusste mit liebevollem Verständnis das Heim des schaffenden Mannes zu einer wohltuenden Häuslichkeit zu gestalten, und die Kinder hingen mit fast schwärmerischer Verehrung an ihm, dessen heiter jugendfrisches Gemüt Verständnis für alles hatte, was jung und frei emporwuchs. Das Storm'sche Haus war eine wirkliche Idylle, man mochte kommen, wann man wollte, an Winterabenden, wenn die zahlreiche Familie beim warmen Kaminfeuer beisammensaß und der Dichter mit seiner klangvollen, etwas leisen Stimme vorlas, manchmal seine eigenen Werke – oder an Sommertagen in dem lauschigen Garten, den er selbst mit liebevoller Sorgfalt pflegte.

Storms äußere Erscheinung hatte etwas von einer Märchengestalt an sich, der kleine, etwas gebeugte Mann mit dem langen, schlohweißen Bart und den milden hellblauen Augen, der in seinem schwarzen Beamtenrock so still und unauffällig einherging. So sah man ihn Tag für Tag, im Sommer mit einem breitkrempigen, weißen Strohhut, winters mit brauner Pelzmütze und dickem, weißem Schal um den Hals, durch die winkeligen Gassen der kleinen Stadt gehen, um seinen Amtsgeschäften obzuliegen oder seinen Spaziergang zu machen.

Storms Lieblingsweg war der Seedeich, der, hart an der Stadt beginnend, sich meilenweit in die grüne Marsch hineinschlängelt. Gegen Westen blickt man auf das Meer mit den vorgelagerten, meist »wie Träume im Nebel« liegenden Inseln und landeinwärts auf weite grüne Wiesenflächen, die in unabsehbarer Ferne mit dem Horizont verschwimmen. Mit der Heimatliebe aller eingebornen Küstenbewohner, die selbst in der schönsten Gebirgs- oder Waldgegend die anderen oft unverständliche Sehnsucht nach diesem unendlich weiten Horizont ihres Flachlandes nicht los werden, hing Storm an seiner Heimatgegend. Stundenlang konnte er an Sonntagen dem Anschlagen der Wellen gegen den Strand und dem einförmigen Schrei der Seevögel lauschen oder in die rotblühende Heide, die sich auf der andern Seite der Stadt hindehnt, hineinwandern.

In religiösen Sachen war Storm völliger Freidenker und pflegte auch mit seiner Meinung nicht hinter dem Berge zu halten. Das war vielleicht das Einzige, wodurch er die strenge an dem guten alten Brauch des sonntäglichen Kirchganges festhaltenden Mitbürger hier und da vor den Kopf stieß, ausgenommen noch, dass einige besonders charakterfeste ältere Damen der Gemeinde manches Mal an den »zu freien« Stellen seiner Werke Ärgernis nahmen. Aber im Ganzen war man doch milde und tolerant in der kleinen Stadt und »vergab« dem Menschen, was dem Dichter etwa »fehlen« mochte, und Storms liebenswürdige Persönlichkeit trug über alle Bedenken gegen seine Ansichten in diesen oder jenen Lebenssachen stets den Sieg davon.

Eines eigentümlichen Zuges möchte ich hier noch Erwähnung tun. Storm glaubte trotz seiner rationalistischen Lebensauffassung an alle möglichen Geister. Es war so eine Art Märchenglauben in ihm. Er verkehrte viel in der Familie des Landrats[1], dem das alte, malerisch von Ulmen umkränzte Schloss Husums mit seinen weiten Räumen, großen Sälen, Wendeltreppen und unheimlich düsteren Gängen zur Amtswohnung diente. Nachdem Storm Husum schon verlassen, kehrte er alljährlich zu längerem Besuch im Schlosse ein und war dann durch keine Macht der Welt zu bewegen, sein Quartier in einem der ziemlich zahlreichen Zimmer aufzuschlagen, in denen es »spuken« sollte. Abends vermochten wir Kinder ihn öfters zum Erzählen von Geister- und Spukgeschichten, dann konnte ihn selbst das Gruseln so heftig ankommen, dass er stets eines von uns als Begleitung mitnahm, wenn er sich nach den entlegenen Gastzimmern, die er bewohnte, begeben wollte.

---

[1] Verfasserin ist ein Kind dieser Familie.

Damit habe ich schon vorgegriffen. Im Jahre 1880 verließ Storm Husum, um frei von Amt und Bürden seinen Lebensabend in dem anmutigen holsteinischen Dörfchen Hademarschen zu beschließen. Er baute sich dort ein eigenes Haus und lebte die Jahre, die ihm noch vergönnt waren, nur seinem Schaffen und seiner Häuslichkeit. Jedes Jahr kam er auf längere Zeit wieder nach Husum. Der Abschied von der alten Heimat wurde ihm stets aufs Neue schwer, und er sprach in den letzten Jahren sogar davon, sich wieder ganz dort niederzulassen.

Aber es kam nicht mehr dazu. Theodor Storm starb im Juni 1888. Er war schon lange schwer leidend gewesen, aber vom Sterben wollte er nie etwas wissen. Ihm, der zeitlebens ein Priester des Schönen gewesen, erschien der Tod als etwas Hässliches, Grauenvolles, und er sprach oft in Bezug auf sein Alter davon, wie schön auch das Abendrot noch sei, wenn die Sonne niedergegangen.

In seiner grauen Stadt am Meer liegt er begraben, auf dem kleinen, lindenbeschatteten, alten Kirchhof. Die Husumer haben ihren Dichter nicht vergessen und legen ihm noch manchen roten Heidekranz auf die schmucklosen, grauen Steinplatten nieder, welche die Storm'sche Familiengruft decken.

In seinem Testament hatte Storm ausdrücklich verlangt, ohne Geistlichen und ohne Glockenklang begraben zu werden. Kurz vor seinem Tode hatte er noch einmal darauf hingewiesen, dass er sein letztes Bekenntnis in folgenden Worten seines Gedichtes »Ein Sterbender« niedergelegt habe:

»Auch bleib' der Priester meinem Grabe fern,
Denn nicht geziemt sich's, dass an meinem Sarge
Protest gepredigt werde dem, was ich gewesen,
Indes ich ruh' im Bann des ew'gen Schweigens.«

Das Männerphantom der Frau
(1898)

Der Mann! – Einmal muss der Moment ja doch schließlich kommen – trotz der strengsten Mutter und der wachsamsten Tante –, der Moment, wo «der Mann» nicht mehr hinwegzuleugnen ist, und wo das junge Mädchen anfängt, etwas zu fühlen und zu begreifen, etwas – ja, wie soll man es definieren, dieses geheimnisvolle Etwas, die Vorempfindung des anderen Geschlechts im eignen Blute?

Dass er, «der Mann», existiert, wie er beschaffen ist, auf welchen Bedingungen sein Dasein sich aufbaut, weshalb, wozu und inwiefern er eben «der Mann» ist, das wird bekanntlich dem heranwachsenden Weibe so lange wie möglich verborgen gehalten.

Bis die Stunde der großen Offenbarung kommt, früher oder später. Und die Offenbarung wird jedem in anderer Form und Gestalt, je nachdem wie er – oder sagen wir in diesem Falle lieber: sie – und ihr inneres und äußeres Leben sich gestaltet. Es lässt sich das weder generalisieren noch spezialisieren, das eine wäre zu oberflächlich und das andere zu schwierig oder, richtiger gesagt, einfach unmöglich. Es ist eben ein individuelles Erlebnis, das nur in seinen Folgen und Wirkungen an die Oberfläche tritt und auch da wieder in unterschiedlicher Form.

Im Allgemeinen hat die Frau von heutzutage es aufgegeben, «Gretchen» zu mimen. Es liegt ihr nicht mehr, und man verlangt auch nicht mehr danach. Damit soll jedoch nicht bestritten werden, dass noch hier und da, wenigstens bei uns im lieben Deutschland, ein wirkliches unverfälschtes, fast möchte ich sagen, chronisches Gretchen vorkommt, das stille deutsche Mädchen, das in Gedanken, Worten und Werken stets auf dem vorgeschriebenen Wege bleibt, mit Scheuklappen vor den Augen und einem unerschöpflichen Vorrat von himmelblau und rosa gestreiften Illusionen durch die Welt geht, die böse Welt, die ihm selbst beim besten Willen nicht den Schmelz von den Flügeln zu streifen vermag.

Für diese verkörperte Jungfräulichkeit sind die Männer entweder Halbgötter oder Schurken. Das heißt, sie kennt und sieht nur die Halbgötter, aber sie weiß, dass es auch Schurken gibt. Sie weiß es als historische Tatsache, die ihre Gefühlssphäre nicht weiter berührt. «Der Mann», an den sie denkt, mit dem ihre Gedanken sich beschäftigen, von dem sie träumt, ist der Inbegriff alles «Großen und Edlen» – Er, der Herrlichste von allen.

Es ist daher ein furchtbarer Moment, wenn sie schließlich doch einmal erfährt, dass alle Männer «so» sind. Das Mädchen mag vor solcher Erkenntnis behütet bleiben, einmal durch sein eigenes Wesen und dann durch die Tausend und Abertausend Schranken, die Brauch und Sitte um sie her aufrichten, sie mag älter und selbst alt werden, ohne ihre Illusionen einzubüßen. Wird sie aber Braut und Frau, so ist es unvermeidlich, dass ihre Ideale Schiffbruch leiden. – Die Braut sucht in das Innenleben des Geliebten einzudringen, sich ein Bild davon zu machen, ihn ganz zu verstehen, und da stößt sie auf manchen Punkt, der dunkle Ahnungen in ihr erweckt, er möchte Gebiete durchwandert haben, deren Pfade nicht immer mit weißem Sand bestreut waren. Sie wehrt sich dagegen, sie will nicht daran glauben und hofft immer noch, dass doch vielleicht dieser eine, von ihr Auserwählte, anders ist als die andern. Sie möchte wenigstens für sich noch einen Altar retten, an dem sie beten und das Weihopfer ihres Lebens vertrauensvoll niederlegen kann. Aber selbst wenn sie diesen schönen Wahn noch mit in die Ehe hinüberrettet, als Frau erfährt sie doch früher oder später einmal etwas von der unvermeidlichen «Vergangenheit» des Gatten. Der Altar des unbekannten Gottes stürzt zusammen, und an die Stelle des Idols tritt das Bild eines verzerrten Scheusals, und das ist der Mann, ihr Mann – jeder Mann ohne Ausnahme.

Irgendwie muss der Schlag überwunden werden. Die einfachste Lösung aus diesem Konflikt, den wohl jede Frau, die ahnungslos in die Ehe tritt, durchzumachen hat, ist die praktische christliche. Mütter, Tanten und Pastoren sind jederzeit damit bei der Hand, wenn sie etwas von dem Sturm erfahren, der die Seele des armen Gretchens aufgewühlt hat: Man muss sich eben damit abfinden, es ist nun einmal der Gang der Welt. Das Weib soll und muss vergeben, immer wieder vergeben und mit seinem Überfluss von Reinheit die Mängel des anderen ausgleichen.

Die einen ergeben sich in ihr Schicksal, als stille Frau an der Seite des Sünders auszuharren, und versuchen in tausendfacher Entsagung das zertrümmerte Götterbild wieder zusammenzuflicken und, wenn sie Mutter werden, in ihren Kindern die vernichteten Ideale wieder aufzubauen. Die anderen wenden sich und werden «moderne Frauen». Jede, auch die hypermodernste, hat wenigstens in frühester Jugend einmal ein ähnliches Gretchenstadium durchgemacht. Aber wer nicht zum chronischen Gretchen veranlagt ist, und das sind nicht viele, ist damit fertig, ehe die Heirat infrage kommt. Das moderne junge Mädchen ist fast durch die Bank demi-vierge, wenn es die Schule verlässt. Es ist auch kaum anders möglich bei der starken Betonung des Sexuellen – wie Laura Marholm sagt: des «zentralen Gebietes», die das Hauptcharakteristikum unserer Zeit ist. In Schule und Pension wird die Neugier geweckt und gesteigert, und dann bekommt man irgendwie einmal ein sogenanntes schlechtes Buch in die Hand, das auf dem Schreibtisch des Vaters entdeckt oder von einem Bruder eingeschleppt wird. Man darf nicht ins Theater, wenn die «Gespenster» gegeben werden, und für zwanzig Pfennig kann man sie kaufen, um zu ergründen, weshalb das Verbot erlassen wurde. Oder die ältere Generation spricht sich bei einem Gesellschaftsabend mit Entrüstung über die Kreutzersonate aus – jeder Primaner besitzt sie und ist mit Freuden bereit, sie zum nächsten Rendezvous mitzubringen. Und die demi-vierge verschlingt Ibsen und Zola und Hermann Bahr. – Immer intensiver wird der mit leisem Schauder untermischte Wissensdrang, das Wesen des Mannes zu ergründen, dieses unheimlichen Mannes, der sich in den Tiefen und Abgründen des Lebens bewegt, von denen wir nichts wissen dürfen. Es ist aus mit den Idealen und Illusionen, man will auch nichts mehr von ihnen wissen, man ist stolz, keine mehr zu haben, und will jetzt nur noch Wahrheit, möglichst krasse und detaillierte Wahrheit – alles wissen, alles begreifen. Und aus der theoretisch gestillten Neugier wächst eine rasende Empörung hervor, eine wütende Auflehnung gegen die «verlogene Gesellschaft», die von uns verlangt, dass wir es mindestens den Engeln gleichtun sollen an Unschuld und Reinheit, nur um den sorgfältig gehüteten Schatz diesem Moloch von «Mann» in die Arme zu legen – dass wir Perlen sammeln sollen, um sie vor die Säue zu werfen. Das innerste Gefühl empört sich dagegen, es muss etwas geschehen, um die Weltordnung abzuändern, denn diese Weltordnung ist niederträchtig und empörend, der Mann hat die Kraft und das Recht auf alle Güter des Lebens, das Recht, alles Große und Schöne zu vollbringen, wenn er Lust dazu hat, und ebenso gut besitzt er die uneingeschränkte Freiheit, schlecht und gemein und lasterhaft zu sein, ohne dass ihm irgendjemand dreinzureden wagt.

Und sie gehen hin und werden Bewegungsweiber. Der Mann ist ihnen fortan etwas, das überwunden werden muss. Und das Bewegungsweib konstruiert sich ein seltsames Fantasiegebilde zurecht und sagt: Das ist der Mann, so ist der Mann, wir haben ihn endlich erkannt. Er steht nicht über der Frau, wie man uns gelehrt hat, er ist durchaus kein Halbgott, ja nicht einmal ein interessanter Teufel. Er ist einfach borniert, denn er fasst die Frau nicht als selbstständigen Menschen auf, sondern sieht in ihr immer nur das Geschlecht, das Werkzeug seiner schnöden Lust und seiner egoistischen Laune. O Gott, wie ist er überflüssig, dieser Mann, wahrhaftig, wir können ebenso gut ohne ihn auskommen, denn wir wollen nicht nur Weib sein, sondern vor allem freie selbstständige Menschen.

Sie betrachtet ihn nun entweder als Objekt der Verachtung oder als Gegner, der aufs Äußerste bekämpft werden muss, da man ihn ja leider nicht mit Stumpf und Stiel vom Erdboden vertilgen kann. In exzeptionellen Fällen mag er vielleicht noch als Kamerad geduldet werden, aber wohlverstanden nur als Kamerad auf gemeinschaftlich menschlicher Basis (und das ist schließlich eine noch schwerere Verkennung des Mannes, wie wenn man ihn als Sünder und Lady killenden Schurken auffasst).

Von allen diesen Frauen, die sich emanzipieren, um zu beweisen, dass das Weib nicht inferior ist, und bei jeder Gelegenheit betonen, dass sie im Gegenteil den Mann für minderwertig halten – von allen diesen Frauen hat wohl selten eine den Glauben an ihn durch Desillusionierung auf praktischem Wege verloren. Wo das vorkommt, schlägt die Frau andere Wege ein, um sich dafür zu rächen, dass sie angebetet hat, wo er nur genießen wollte. Da sie bei einem sogenannten Fehltritt – was ja meistens der Fall ist, wenigstens, wenn es der erste war – den kürzeren zieht und schlecht dabei wegkommt, überträgt sie den Begriff des «gewissenlosen Verführers» von dem einen Mann im Speziellen auf die Männer im Allgemeinen, und wenn sie einen ausgebildeten «Weib-Instinkt» besitzt, sucht sie an anderen heim, was der eine ihr getan. Sie wird alles daransetzen, in den Männern die Illusion über das Weib zu vernichten, weil ein Mann ihr die Illusion über sein ganzes Geschlecht geraubt hat.

Frauen sagen und schreiben oft seltsame Sachen. So Laura Marholm: «Unter den Frauen, und nicht zum Wenigsten unter den deutschen Frauen, ist es sehr allgemein, dass sie den Mann nicht so feierlich nehmen, wie er sich's einbildet und wie sie's ihm einbilden. Sie finden ihn komisch, nicht erst, wenn sie mit ihm verheiratet sind (sic!), sondern sogar schon, wenn sie in ihn verliebt sind. Die Männer wissen es gar nicht, wie komisch die Frauen sie finden ...», und weiterhin: «Besonders für das junge Mädchen ist der Mann ein ewiger Lachreiz mit einem Schauder darin.» –

Laura hätte richtiger getan, wenn sie ihr Werk «Das Buch der hysterischen Frauen» betitelt hätte, anstatt es kurzweg «Buch der Frauen» zu nennen. Das junge Mädchen, für welches der Mann ein ewiger Lachreiz mit einem Schauder darin ist, gehört direkt in die Kaltwasseranstalt. Nach Marholmscher Ansicht ist die Frau überhaupt die hysterische Sphinx par excellence, und man kann den unglücklichen Mann nur bedauern, der sich mit ihr aufs Rätselraten einlässt. Es ist doch zum Mindesten originell, die Frage über die Beziehungen zwischen Mann und Weib – die für einen normalen Menschen überhaupt keine «Frage» ist – lösen zu wollen, indem man an fünf oder sechs «exzeptionellen Weibnaturen» nachzuweisen sucht, dass sie sich noch viel exzeptioneller ausgewachsen hätten, wenn sie zur rechten Zeit den rechten Mann gefunden hätten. Es ist sonderbar, dass die Verfasserin, die doch den Mut gehabt hat, so energisch zu betonen, dass die

Frau des Mannes nicht «entraten» kann, ohne schweren Schaden an Leib und Seele zu nehmen, eines fast ganz ignoriert oder wenigstens nur en passant erwähnt, nämlich die Mutterschaft. Sie spricht von «dem Weibchen, das durch die Wälder rennt mit dem klagenden Ruf nach dem Gatten», aber sie scheint – trotz der Behauptung, dass sie sich das Spiel des Lebens schon geraume Zeit hindurch angesehen hat – nicht dahintergekommen zu sein, dass dieser intensive Schrei des Weibes nach dem Manne im letzten Grunde doch nichts weiter ist als der Ausdruck des tiefen Verlangens nach Mutterschaft. Wenn es absolut notwendig war, ein Buch der Frauen zu schreiben, hätte man ihm als Motto das Wort von Nietzsche voranstellen sollen: «Alles am Weibe ist ein Rätsel, und alles am Weibe hat nur eine Lösung: Schwangerschaft.» Der angebliche Weiberfeind hat das Weib besser verstanden, als es sich selbst jemals zu verstehen vermag, und es liegt ja auch in der Natur der Sache, dass ein Geschlecht immer nur vom andern Geschlecht richtig verstanden wird, niemals aber von dem eignen, das immer durch die subjektive Brille sieht. Das Weib, mag es geistig hoch oder tief stehen, normal oder «exzeptionell» veranlagt sein, seinem physischen Bau nach bleibt es doch immer zur Mutter geschaffen, und daher ist die Bedeutung seines ganzen Geschlechtslebens mit seinen praktischen Konsequenzen eine ganz andere als beim Mann. Er wird zum Mann durch die bestätigte Erkenntnis des andern Geschlechts, das Weib hingegen wird niemals dadurch die Höhe seines Wesens erreichen, dass es einen oder mehrere Männer gekannt hat, sondern einzig und allein durch die Mutterschaft, die alle Funktionen seines Geschlechtslebens zur Entwicklung bringt. Im Gegensatz zu unserer Zeit, wo manche Frau sich gegen den Gedanken sträubt, Mutter zu werden, galt die Unfruchtbarkeit bei allen alten Völkern für eine Schande und wurde als Fluch der Gottheit angesehen, bekanntermaßen vor allem bei den Juden. Man denke an Labans Werbung um Rebekka, die ihre Geschwister mit dem Wunsche ziehen ließen: Wachse in viel Tausend mal Tausend (1. Mose 24,60). Bewusst oder unbewusst liegt hier die Idee zugrunde, dass Kinderlosigkeit das Schlimmste ist, was einer Frau zu widerfahren vermag. Die Frau, die nach Laura Marholm Mutter werden kann, ohne eigentlich in das Geheimnis der Mannesliebe eingedrungen zu sein, ist weit mehr Geschlechtswesen als die sterile «Geliebte und Gefährtin» des Mannes. Irgendjemand hat da sehr richtig bemerkt, eine Frau fängt erst dann an, geistreich zu werden, wenn sie keine Kinder bekommt.

Zweifelsohne würden weit mehr verlassene Frauen ins Wasser gehen, wenn es sich nur um den Mann und die Liebe handelte, aber in Wirklichkeit gehen sie nur ins Wasser, wenn sie die Schande fürchten oder nicht wissen, wie sie das Kind durchbringen sollen. Eine Frau, die den Sinn des Lebens wirklich erfasst hat, wird in dem Mann, der ihr ein Kind geschenkt und sie dann verlassen hat, nicht den Verführer und Verräter sehen. Es ist ja gewiss tausendmal schöner, wenn die wahre Liebe dazukommt, und dann ergibt es sich meistens von selbst, dass man beisammenbleibt, auch wenn «der Rausch verflogen» ist, aber es gibt auch Fälle, wo der Mann für die Frau – mag sie sich dessen bewusst sein oder nicht – nur das Mittel zum Kind ist, ebenso wie sie für ihn das Mittel zur Betätigung seiner Manneskraft war. Und wozu noch zusammenbleiben, wenn der beiderseitige Zweck erfüllt ist? Es ist eine schwere Verkennung der menschlichen Natur, wenn man das zur sittlichen Forderung aufbauscht, was höchstens einen praktisch berechtigten Hintergrund haben kann. Und wenn die Frau in solchem Fall verständig genug ist, wird sie den Mann dafür segnen, dass ihr durch ihn das höchste Gut ihres Lebens zuteilgeworden ist, und wird ihn ruhig gehen lassen, wenn die Verhältnisse es mit sich bringen. Zu dieser Verständigkeit sollte man die Frauen erziehen und sie ihnen praktisch ermöglichen. Aber stattdessen treibt die Gesellschaft, die sich davor scheut, für die unehelichen Kinder sorgen zu müssen, den Mann zur Prostitution und die Frau zum «Verbrechen gegen das Leben».

Was bleibt dem Mann denn anderes übrig, als das Bordell aufzusuchen, wenn er nicht in der Lage ist, für eine Familie zu sorgen oder für alle Kinder, die er zu zeugen vermag, Alimente zu zahlen? Und was soll die Frau tun, wenn sie sich weder der allgemeinen Verachtung noch dem für ihre Konstitution fast übermenschlichen Kampf mit dem Dasein gewachsen fühlt und noch dazu weiß, dass auch ihr Kind dafür büßen muss, wenn es die Frucht einer Sünde ist, die weder Standesamt noch Kirche zur christlichen Pflicht geadelt hat. – Der liebe Gott im Paradies wusste die Frage besser zu lösen. Als die Sache einmal geschehen war, machte er aus der Notwendigkeit eine Tugend und aus Adam und Eva ein Paar, mit der Aufgabe, die Welt zu bevölkern, und gab ihnen noch dazu die Verheißung mit auf den Weg. Bei diesem System war das Strafgesetzbuch überflüssig. Unsere moderne Gesellschaft würde Verbrechertum und Degeneration vielleicht besser bekämpfen, wenn sie sich das zum Beispiel nähme. Wie man von jedem Mann, der im Staat verwendet werden soll, den Beweis seiner Fähigkeit verlangt, so sollte man von jeder Frau verlangen, dass sie wenigstens einmal im Leben ein Kind zur Welt bringt, und danach erst beurteilen, ob sie ein brauchbares Mitglied der Gesellschaft zu sein imstande ist. Aber die Welt hat sich nun einmal angewöhnt, sich verkehrt herum zu drehen, und dabei wird es wohl auch vorläufig bleiben.

Es ist bei alledem wahrhaftig kein Wunder, wenn die beiden Geschlechter sich verkehrt verstehen und sich wunderliche Vorstellungen voneinander machen. Und es ist so, wie die Verhältnisse liegen, ganz berechtigt, wenn man sie voreinander warnt, indem man seinem Sohn sagt: Hüte Dich vor den Weibern, und die Tochter beschwört: Nimm Dich vor den bösen Männern in Acht.

Ich möchte hier noch einmal auf Laura Marholm zurückgreifen und im Gegensatz zu ihrer Theorie von dem ewigen Lachreiz die Behauptung aufstellen, dass die Frau im Allgemeinen weit eher geneigt ist, den Mann tragisch zu nehmen – weit tragischer jedenfalls als der Mann die Frau. Es mag ja manche Frauen geben, die in einem bestimmten Mann, und zwar ist es meist der Gatte, nur den «guten Kerl» sehen, über den sie sich gelegentlich lustig machen, aber im Grunde imponiert ihr der Mann als solcher doch stets – vorausgesetzt, dass er die Bezeichnung Mann wirklich verdient. Es ist eben nur Mode, das um keinen Preis einzugestehen, damit «er» sich seiner Überlegenheit nicht allzu sehr bewusst wird. Wozu sonst dieser verzweifelte Kampf um die Gleichberechtigung, das Suchen nach Beweisen, dass man es ihm gleichtun kann?

Und woher die Eifersucht? – Außer der Mutterliebe, die wohl die größte und tiefgehendste Umwälzung im Seelenleben der Frau hervorbringt (und die Mutterliebe ist ja doch auch ein Gefühl, dessen Urheber im letzten Grunde nur wieder der Mann ist), gibt es nichts, was die Grundelemente der weiblichen Natur so bis ins Tiefste hinein aufzuwühlen vermag wie eben die Eifersucht. Und während naturgemäß das Weib in allem, was mit der Mutterschaft zusammenhängt, eine passive Rolle spielt, tritt mit der Eifersucht ein dramatisches Moment in ihr Leben ein, das sich bis zur wildesten Tragik steigern kann.

Beim Mann ist es mit der Eifersucht etwas ganz anderes; selbst in akuten Fällen wird dieser – vorausgesetzt, dass er das erforderliche Quantum von Selbstgefühl besitzt – sich niemals völlig von ihr hinreißen lassen, sei es auch nur aus Furcht, sich lächerlich zu machen. Und wenn er sich genötigt sieht, einzuschreiten, so wendet sein Zorn sich in erster Linie gegen das treulose Weib und dann erst gegen den Nebenbuhler – auch wenn er sich genötigt sehen sollte, diesen zu «fordern», resp. aus der Welt zu schaffen – weil es sich nun einmal so gehört. Das Weib dagegen will nur die Konkurrentin beseitigen, unschädlich machen. Der Mann, mag er noch so schuldig sein, sinkt dadurch nicht in ihren Augen – im Gegenteil, er steigt im Preis, weil auch andere auf ihn bieten. Und in diesem Kampfe – Weib gegen Weib um den Mann – ist es zu allem imstande, zu den raffiniertesten Intrigen, der gefühllosen Grausamkeit – sagen wir es nur offen heraus: zur größten Gemeinheit. Der Mann wird die Gattin oder Geliebte, die ihn betrogen hat, verlassen, vielleicht auch töten, wenn er zum Äußersten gebracht wird; die Frau dagegen hört nicht auf zu lieben, weil sie hintergangen worden ist, sie geht bis zum Letzten und Furchtbarsten, um die verratene Liebe zurückzuerringen und über «die andere» zu siegen. Es sind stets nur Frauen gewesen, die zum Vitriol gegriffen haben, denen die Eifersucht diesen hyperteuflischen Gedanken eingegeben hat, die Rivalin, wenn sie auf keine mildere Weise beseitigt werden kann, wenigstens durch Vernichtung ihrer Schönheit unschädlich zu machen.

Es ist auffallend, wie wenig die Literatur sich mit der Eifersucht des Weibes im großen Stil beschäftigt hat. Sie hat einen «Othello» geschaffen, aber wo ist die Feder, die das weibliche Gegenstück dazu zeichnen könnte? Ein Mann würde wohl schwerlich dazu imstande sein – und eine Frau wird es niemals tun, darf es auch eigentlich nicht tun, weil sie sich und ihr ganzes Geschlecht in seiner grausamsten Blöße an den Pranger stellen müsste.

Und alles das ist nur wieder ein Beweis, ein wie mächtiger Faktor der Mann im Leben der Frau ist. Er vermag das Wahrste und Beste, was in ihr schlummert, wachzurufen, er führt sie in die tiefe, süße Tragik hinein, die dem Liebesleben jeder Frau zugrunde liegt. Und dafür zeigt sie sich auch ihm gegenüber – sobald sie wirklich das an ihm findet oder zu finden glaubt, was der Halt- und Mittelpunkt ihres Lebens ist – von ihrer schönsten und glücklichsten Seite – treu und opfermütig, tapfer und offen –, dieselbe Frau, die irgendein anderes Weib mit dem tödlichsten Hasse verfolgen kann.

Man denke z. B. an Rebekka West in «Rosmersholm», die vor keinem noch so verbrecherischen Mittel zurückscheut, bis sie es endlich soweit gebracht hat, das verhasste Weib des geliebten Mannes in den Tod zu treiben, und die gleichzeitig diesem Manne gegenüber an Liebe und Aufopferung nicht ihresgleichen findet.

Die Freundschaft zwischen zwei Frauen ist daher etwas so unendlich Seltenes und nur dann möglich, wenn kein Mann infrage kommt, also in Fällen, wo entweder jede einen hat oder keine einen hat. Eine von den wenigen, die den Mut gehabt hat, in Bezug auf ihr eigenes Geschlecht der Wahrheit die Ehre zu geben, hat gesagt: «Ein Weib ist niemals offen und ehrlich gegen ein Weib, legt niemals ganz das Visier ab, sondern ist stets auf ihrer Hut, vorsichtig, berechnend, hinterlistig, verschmitzt – weil sie die tausend kleinen Mittel der Täuschung und Verstellung, die sie im Leben und in der Liebe braucht, auch bei ihresgleichen vermutet.»

Und wo bleibt bei all dieser Tragik der «Lachreiz»? Es ist jedenfalls nur ein sehr bittersüßes Lächeln, mit dem die Frau sich über den Mann im Allgemeinen lustig macht, oder ein Theaterlächeln, das über den schweren, ernsten Kampf, der dahintersteckt, hinwegtäuschen soll.

Am gescheitesten handeln demnach wohl schließlich noch diejenigen, die den Mann überhaupt nicht «aufzufassen» suchen, sondern einfach den gegenseitigen sexuellen Standpunkt praktisch zur Geltung bringen. Es geschieht dies allerdings schwerlich aus Gescheitheit, denn die gescheitesten Frauen sind gewöhnlich nicht die erotisch veranlagtesten, sondern einfach aus Instinkt, und der Instinkt ist bekanntermaßen in allen Lebenslagen der sicherste Führer, weil er nicht durch Erwägungen und Reflexionen getrübt wird, und die Frau lässt sich im Allgemeinen weit mehr von ihm leiten als der «denkende Mann».

Aber das Weib mit dem normalen, unverkümmerten, unentwegten Geschlechtsinstinkt – wo ist das zu finden? In der guten Gesellschaft ist es eine Ausnahme und gilt für eine Abnormität, und selbst das mythische «Weib aus dem Volk» mit sieben unehelichen Kindern besitzt ihn vielleicht in weit geringerem Maße, als man dem Anschein nach glauben möchte. In der Kokotte, dem «Mädel» und der Lebedame aus `fin de siecle`-Kreisen, da vielleicht noch am ehesten ist «das Weib» zu finden, das absolute Weib, das den Mann am besten kennt und am richtigsten zu beurteilen und zu nehmen weiß. Das «lasterhafte» Weib hat oft mehr richtiges, ja sogar mehr Feingefühl auf dem Geschlechtsgebiet als die beste Gattin und das keuscheste Gretchen, denn grade kraft seiner Lasterhaftigkeit, das ist: vielseitigen Kenntnis der Männer, sieht es in ihm weder den Übermenschen noch den Schurken, sondern einfach «den Mann», nicht als X, sondern als feststehende, gegebene Größe, ohne welche das Exempel nicht aufzulösen ist.

Es mag das vielleicht wie ein Widerspruch zu dem vorhin über die Mutterschaft und die daraus hervorgehenden Empfindungen Gesagten klingen, weil man sich den Typus der grande amoureuse gewöhnlich nicht mit dem der Mutter vereint zu denken pflegt. Aber einmal ist das Leben überhaupt so reich an Widersprüchen, dass es schwer ist, vom Leben zu reden, ohne sich hier und da in einen Widerspruch zu verwickeln, und in diesem Falle liegt er überhaupt mehr in der Idee und der allgemeinen Annahme wie in der Wirklichkeit. Man kann oft genug beobachten, dass gerade Frauen, die viel geliebt und gelebt haben, die besten Mütter werden. In Japan gelten die Mädchen sogar für die geeignetsten Ehefrauen, wenn sie eine bestimmte Anzahl von Jahren in den Teehäusern zugebracht haben, und die Teehäuser bedeuten etwa dasselbe wie eine Berliner Kneipe mit Damenbedienung. Schließlich sei noch auf die moderne Literatur hingewiesen. Ich erinnere nur an Zolas «Nana», den Typus der «feilen Dirne», die durchaus nicht ohne Muttergefühl für ihren kleinen Louison ist und während einer nochmaligen kurzen Schwangerschaft – um sich im Pastorenjargon auszudrücken – «besseren Regungen zugänglich» ist; ferner an Prevosts «Zabeau», welche die Liebe zu ihren Kindern an die Grenze des Wahnsinns bringt.

Man pflegt gewöhnlich anzunehmen, dass eine Frau, die viel mit Männern zu tun gehabt, dadurch überhaupt ihre Weiblichkeit einbüßt, und naturgemäß müsste doch gerade das Umgekehrte der Fall sein. – Dazu kommt noch das Geschrei nach Abschaffung der Prostitution, die doch das einzige Mittel ist, die Gesellschaft einigermaßen so zu erhalten, wie es allen wünschenswert erscheint. Wie schon oben gesagt, bleibt dem Manne nichts anderes übrig, und die Erfahrung zeigt, dass die Männer im Großen und Ganzen auch durchaus nicht gewillt sind, die Prostitution abzuschaffen. Es sind fast immer Frauen, die dafür eintreten, und zwar meistens solche, die das Leben vom Teetisch aus beurteilen. Trotzdem ist es eine Frau gewesen, Pauline Tarnowskaja, die Mitarbeiterin Lombrosos, die aufgrund umfassender anthropometrischer Untersuchungen an Tausenden von Prostituierten die natürliche Prädestination zur Prostitution festgestellt hat; wie man ja bisher immer an die Prädestination des Genies als unumstößliche Tatsache geglaubt hat. Sie hat damit also bewiesen, dass die Natur selbst den Typus «Prostituierte» liefert.

Wer sich gegen diesen wissenschaftlichen Beweis sträubt und dabei bleibt, dass die Prostitution in direktem Gegensatz zu der eigentlichen Natur des Weibes steht, der tue einmal die Augen auf, um zu sehen, wie zahllose «anständige» und geachtete Frauen in der Ehe vollständig das Leben einer Prostituierten führen, mit dem einzigen Unterschied, dass es nur ein Mann ist, anstatt mehrerer, dem sie sich tagtäglich ohne Liebe und ohne Sinnlichkeit hingeben, und der sie dafür versorgen muss – ohne dass sich ihr Gefühl jemals dagegen empört.

Selbstverständlich wäre es sehr töricht und zwecklos, ihnen das irgendwie zum Vorwurf zu machen, ebenso wenig, wie man es dem Mann verargen kann, wenn er die Frau so nimmt, wie sie sich ihm darbietet. Und gerade darin liegt der Grund, weshalb die Frauen das Wesen und die Handlungsweise des Mannes oft so gänzlich missverstehen – eben weil sie selbst sich nicht richtig zu geben und hinzugeben wissen.

Und das führt mich in Versuchung, zum Schluss noch einmal Nietzsche zu zitieren: «Es ist ein Kind im Manne, das spielen will; auf, ihr Frauen, so entdeckt mir doch das Kind im Manne.»

Viragines oder Hetären?
(1899)

»*Tout cela est fâcheux. Et, dussé-je passer pour être d'une morale trop légère, j'en reviens volontiers à la ›galanterie‹, c'est-à-dire à cette chose mal définissable, où entraient le désir, le goût vif, l'esprit, la volupté, une pointe de tendresse, et qui se défendait de la douleur, de la mélancolie et des crises du désespoir. La vie moderne est si dure, si âpre, les idées générales ont de si cruelles invertitudes que je me risque comme un remède à conseiller, à louer l'amour sans inquiétude, sans souci du lendemain, sans drame ni crise, rieur et tolérant tout au plus une larme furtive qu'on peut ne pas voir sans être cruel ...*«
COLOMBA, dans l'*Echo de Paris*.

Darüber, was Frauen ziemt, sind die Ansichten wohl noch nie so weit auseinandergegangen, wie in unseren Tagen, wo die Emanzipation und gleichzeitig die Modernität auf erotischem Gebiet immer weitere Kreise zieht und diesen beiden gegenüber hartnäckiger wie je das Philistertum auf seinen Zopfanschauungen und Zopfgebräuchen beharrt, wie die bekannte hypnotisierte Henne, die sich nicht traut, über den Kreidestrich hinauszugehen.

Und all' diese verschiedenen Anschauungen und ihre verschiedene Betätigung rufen allgemeine Streitstimmung hervor und verwirren manches harmlos neutrale Gemüt. Wer hat recht und wer hat unrecht? – Und was ist hier das Rechte und was das Unrechte? – so hallt es hin und wieder, denn wir ordnungsliebenden Europäer halten es nun einmal für notwendig, das bei jeder Gelegenheit festzustellen.

Natürlich ist keine der streitenden Parteien auch nur einen Augenblick darüber im Zweifel, dass ihre Ansicht die allein selig machende ist. Diese Überzeugung gehört ja überhaupt zum Begriffe einer »Partei«, wie die Schale zum Ei. Das Einzige, worauf es in Wirklichkeit im realen Leben ankommt, ist: ob man als Partei stark genug ist, um die anderen Parteien unterzukriegen und mundtot zu machen.

Im Großen und Ganzen ist das Philistertum bis jetzt wohl immer noch die stärkste geblieben und wird es wohl auch immer bleiben, denn Ruhe, Ordnung und »erbärmliches Behagen« ist das, was den Menschen im Allgemeinen am meisten imponiert und ihnen als erstrebenswertestes Ziel des Lebens gilt.

In den Schichten der Gesellschaft, die man innerlich und äußerlich zum Philistertum, zur Bourgeoisie rechnen kann, ist man sich völlig klar darüber, was der Frau ziemt und ansteht. Da gibt es keine Zweifel und keine entgegengesetzten Meinungen. Vor allem handelt es sich darum, dass das Leben sich möglichst glatt und anständig ohne lärmende Konflikte abwickelt. Die erste Bedingung dazu ist, dass von der Frau möglichst wenig Wesens gemacht wird. Dass sie sich ihren tadellosen Ruf bewahrt und einen gut situierten Mann als eine auskömmliche Versorgung bekommt. – In diesen zweien Geboten hängt das ganze Gesetz und die Propheten.

Als kleines Mädchen artig in die Schule und manierlich mit Eltern oder »Fräuleins« spazieren gehen, als großes Mädchen je nach den Verhältnissen als Nutzobjekt oder Dekorationsgegenstand im Hause figurieren, als Braut sittig errötend an der Aussteuer nähen, als Frau dem Gatten sorgend und liebend zur Seite stehen, den Pflichten des christlichen Ehebettes nach bestem Vermögen nachkommen und ihre Kinder zu derselben trostlosen Lebenslangeweile erziehen. Klar und deutlich ist der Weg ihr vorgezeichnet, etwaige Freiheits- oder Lustbestrebungen werden rechtzeitig unterdrückt, wo sie aber dennoch Oberhand behalten, wird das räudige Schaf bald möglichst aus der Gemeinde entfernt – zur Freude der Gottlosen, denen ein Sünder lieber ist als 99 Gerechte.

Ein zweifellos interessanteres Gebiet als das eben berührte ist die Emanzipation – dieses Heer von bewegten und bewegenden Frauen, die statt Kochlöffel und Nähnadel das Schwert der Rede und Agitation ergriffen haben und der ganzen Welt zum Trotz sich selbst und ihre Mitschwestern »befreien« wollen.

Befreien – wovon und wozu? – Von der Sklaverei des Mannes, unter der das Weib seit Jahrhunderten schmachtet – so lautet die übliche Antwort – von der sozialen und geschlechtlichen Sklaverei.

Die Frauenbewegung hat, wie alle Dinge, ihre zwei Seiten. Das Streben, die Frauen der arbeitenden Klassen aus ihrer Misere zu befreien, ihnen bessere Lebensbedingungen, höhere Löhne zu schaffen, sich der Kinder und Wöchnerinnen, besonders der unehelichen, anzunehmen, alles das ist der sogenannte berechtigte Kern der ganzen Bewegung, dem wohl kein vernünftig und human denkender Mensch seine Anerkennung versagen wird. Es sind das Gebiete, wo ein Zusammenwirken männlicher und weiblicher Kräfte geboten ist und durch dasselbe gewiss unendlich viel geleistet werden kann.

Aber die »kämpfenden Frauen« würden sehr empört sein, wenn man ihnen zumuten wollte, sich darauf zu beschränken. Die Hauptkraft der redenden, schreibenden und agitierenden Bewegung konzentriert sich auf die Befreiung der gebildeten, gut situierten Frau, auf den Kampf um die Gleichberechtigung und Gleichstellung der Geschlechter, die durch höhere geistige Schulung der Frau, durch Errichtung von Mädchengymnasien, Zulassung zum Studium und zu den verschiedenen Berufen erreicht werden soll.

Die extremsten Bewegungsdamen haben die Behauptung aufgestellt: Das Weib kann alles, was der Mann kann, es ist nur durch jahrhundertelange Unterdrückung und Gewohnheit um die Möglichkeit zu physischen und geistigen Kraftleistungen gebracht worden.

Man stelle doch nur einmal einen wirklichen normalen Mann und ein wirkliches normales Weib, wie sie Gott erschaffen hat, nebeneinander und frage sich: Können zwei Wesen, die so verschieden geartet, gebaut, in jeder Beziehung so verschieden konstruiert sind und so verschieden funktionieren – können diese zwei Wesen jemals gleichberechtigt, d. h. mit dem gleichen Erfolg zur gleichen Betätigung gebracht werden? Hat es irgendeinen Zweck und würde es sich in irgendeiner Beziehung lohnen, das zu versuchen, eines von ihnen nach dem andern zu modifizieren, die Geschlechtsunterschiede, die alle anderen bedingen, zu verwischen, damit eines dem anderen ähnlicher wird? –

Wozu hat die Natur denn überhaupt männliche und weibliche Wesen mit ihrer ewigen Verschiedenheit hervorgebracht? Wozu der anatomische Unterschied, der den Mann von vornherein zum Angreifenden, Ausübenden und das Weib zum Empfangenden, sich Unterwerfenden macht?

Die geschlechtliche Attacke ist die *Urleistung des Mannes*, die nur er auszuüben vermag und von der aus sich sein ganzes Wesen und seine ganze Stellung in der Welt gebildet und entwickelt hat. – Das Weib erwartet, verlangt sie, gibt sich ihr hin. Das ist *seine* Funktion. Und warum soll in dieser äußerlich passiven Rolle etwas Erniedrigendes liegen? Für diejenigen Frauen, die der Psychiater als `natura frigida` bezeichnet, mag es ja sein. Gut, so sollen sie es eben bleiben lassen. Aber für jedes, wahrhaft erotisch empfindende Weib liegt gerade ein unendlich feiner Reiz darin, den stärkeren Gegner im Liebeskampf anzureizen, zu versuchen und sich ihm dann in selbstvergessen Rausch zu schenken. Und sie wird im entscheidenden Augenblick durchaus nicht das Gefühl einer Niederlage haben – im Gegenteil, die Bejahung des Lebens ist immer ein Siegesgefühl.

Wir haben vorhin gesagt, dass das Wesen und die Stellung des Mannes im Großen und Ganzen durch diese eine Urleistung bestimmt wird. Alle Angriffspositionen und Angriffsberufe haben von jeher ihm zugehört: Soldat, Preiskämpfer, Polemiker etc. Es heißt nicht umsonst im Sprichwort: »den Mann stellen«. Es wird niemandem in den Sinn kommen, stattdessen zu sagen: »das Weib stellen«, oder »den Menschen stellen«.

Ähnlich verhält es sich auch mit anderen, auf anatomischen Unterschieden begründeten Leistungen, z. B. dem Bass- und Tenorsingen, das auf der mit der Geschlechtsdifferenz gegebenen Anlage des Kehlkopfes und der Stimmbänder beruht, oder dem Schnelllaufen, das auf der senkrechten Stellung der Oberschenkel beim Manne beruht. – Mit der häufigeren Übung im Angriff und in allen gewaltsamen Leistungen ist dann selbstverständlich auch eine höhere Ausbildung (und Vererbung) der physischen Kraft und der Muskulatur gegeben.

Wir wollen gewiss nicht bestreiten, dass es manche Leistungen gibt, deren beide Geschlechter fähig sind, wie mäßige Muskelanstrengungen, Holzspalten, Wassertragen, überhaupt alle häuslichen Arbeiten, die ja immerhin ziemliche Kraft erfordern, auch Radeln, Berge steigen etc.

Wo es aber auf schwere körperliche Leistungen ankommt, liegt die Sache doch wesentlich anders. Man braucht ja nur einmal diese schwer arbeitenden Frauen der unteren Stände anzuschauen, die außerdem noch jedes Jahr ein Kind zur Welt bringen, um einzusehen, dass der weibliche Körper dem nicht gewachsen ist, dass er dabei aus der Form und allmählich zugrunde geht. Übrigens sieht man selbst bei dem Landvolk, wo doch die weibliche Arbeitskraft nach Möglichkeit ausgenutzt wird, nur selten, dass die Frauen zu gewissen Kraftleistungen, beispielsweise zum Pflügen, herangezogen werden, ebenso, dass unter den Akrobaten, Athleten etc. das weibliche Geschlecht nur in der Minderheit vertreten ist. Alle diese Tatsachen deuten doch darauf hin, dass das Weib, mit einigen wenigen Ausnahmen, vor allen Leistungen, die ein hohes Maß von Muskelkraft, Schnellkraft und Behändigkeit erfordern, zurückschreckt. Und Ausnahmen stoßen bekanntlich die Regel nicht um.

Wenn wir auf das geistige Gebiet übergehen, so klingt die Behauptung der Frauenrechtlerinnen, dass die Frau dasselbe zu leisten imstande sei, wie der Mann, immerhin etwas plausibler, aber wohl hauptsächlich deshalb, weil das Gegenteil schwerer zu beweisen ist. Es kommt ja schließlich heutzutage öfters vor, dass Frauen trotz mangelhafter Vorbildung irgendein Studium glänzend absolvieren, also auf einem oder dem andren geistigen Gebiet dasselbe fertigbringen wie ein Mann. Aber, – es ist ein großes Aber dabei, das den ganzen Beweis zunichtemacht: Das Leben kommt zu kurz dabei. Der Mann ist neben seinem Studium oder Beruf noch imstande zu genießen, zu lieben, seine Funktion als Mann auszuüben. Das kann die Frau nicht. Sobald sie zum Beispiel Mutter wird, ist es aus mit dem Studium, oder wenigstens legt die Mutterschaft ihr starke Beschränkungen auf. Die Frau, die mit dem Manne erfolgreich konkurrieren will, kann also wiederum nicht als auf gleicher Stufe mit ihm stehend betrachtet werden. Greift doch nur ins volle Menschenleben hinein, denkt Euch einen fetten, fröhlichen Korpsstudenten, der Tag und Nacht im Wirtshaus sitzt, trinkt, liebt, paukt und es doch schließlich zum Arzt, Anwalt oder sonst irgendeinem Beruf bringt, und daneben eine Studentin, die

Studentin trinkt nicht, liebt nicht, sie lebt nur in ihrer Arbeit und für ihre Arbeit, als Weib zählt sie gar nicht mehr mit. Der liebenswürdige Typus der studierenden Geliebten, den Wolzogen in seiner Claire de Vries im »Dritten Geschlecht« schildert, begegnet uns im Leben fast nie. Wir lernen in der Praxis immer nur überarbeitete, nervöse Berufsfrauen kennen, die der Welt und ihrer Lust abhold sind, weil sie eben beides nicht miteinander vereinigen können. Es soll das nicht etwas eine Verhöhnung der arbeitenden Frauen, d. h. derjenigen, die wirklich arbeiten *müssen*, sein. Die Energie und die Selbstverleugnung, die manche von ihnen an den Tag legen, mag ja höchst anerkennenswert sein, aber ein erfreuliches Bild ist es nicht.

Dabei wird die Zulassung zum männlichen Studium und den Berufen mit einer Vehemenz verfochten, als ob der Menschheit bedeutend auf die Beine geholfen würde, wenn es weibliche Ärzte, Anwälte, Richter etc. gäbe. Besonders weibliche Ärzte, »weil das Schamgefühl mancher Frauen sie hindert, sich einem männlichen Arzt anzuvertrauen.« Warum sucht man nicht lieber den Frauen dieses falsche Schamgefühl abzugewöhnen, hinter dem doch nur Dummheit oder Lüsternheit steckt. Eine normal empfindende Frau schämt sich gewiss weit eher vor einem weiblichen Arzt.

Und weibliche Richter und Anwälte – ich glaube, der Gedanke, vor einem Forum von sittenstrengen Geschlechtsgenossinnen abgeurteilt zu werden, möchte zahllose Sünderinnen zum Selbstmord oder zum Meineid treiben.

Das Argument, dass einer der genanten Berufe die Frau befähigen soll, sich eine günstigere, pekuniäre Lage zu schaffen, steht ebenfalls auf tönernen Füßen. Die blasse Möglichkeit, nach absolviertem Studium einen solchen Beruf überhaupt zu erlangen, ist wenigstens in Deutschland eine seltene Ausnahme. Es würden also viele Frauen studieren und nur wenige ihren Beruf ausüben können, somit eine Summe von Geld, Zeit und Kraft verloren gehen, die anderweitig besser angewendet werden könnten. Dass eine Frau überhaupt aus Not zum Studium greift, kommt schwerlich vor, sie studiert eben lediglich aus Begeisterung oder um die Welt von ihren Fähigkeiten zu überzeugen.

Bisher jedenfalls ist ausschließlich von der gleichen geistigen Befähigung geredet, geschrieben, aber wieder nichts bewiesen worden, als dass eine verschwindend kleine Zahl von Frauen Gymnasien durchmachen, Examina ablegen und eventuell auch einen Beruf ausüben können. Voilà tout!

Weibliche Denker, Philosophen, Erfinder, kurz das »Weibsgenie« auf geistigem Gebiet, ist uns noch nicht vorgeführt worden. Wenn man dies nur auszusprechen wagt, so wird unfehlbar Sonja Kowalewska zitiert. Gewiss, sie hat mehr gekonnt und mehr geleistet als mancher begabte Mann, aber ihre Lebensgeschichte ist der beste Beweis für das vorhin Gesagte – wie sie selbst förmlich unter ihrer Begabung und Wissenschaft gelitten und sich nach ganz anderem Lebensinhalt gesehnt hat. Und überdies ist die *Kowalewska* eine Erscheinung, wie sie in Jahrhunderten vielleicht ein einziges Mal vorkommt, während es fast zu allen Zeiten genial begabte Männer gegeben hat. Und dass von diesen einer an dem Zwiespalt zwischen seiner eigentlichen Lebensanlage und seiner Wissenschaft zugrunde gegangen wäre, ist mir nicht bekant.

In Kunst und Literatur ist es mit den weiblichen Leistungen vielleicht etwas besser bestellt. Künstlerisches Gefühl, Geschmack etc. ist immerhin etwas, was sich bei der Frau noch eher findet als überwiegendes Denken. Und doch, – was ist denn bis jetzt auf künstlerischem Gebiet von Frauen geleistet worden? Hier und da ein gutes Porträt, eine fein empfundene Landschaft oder ein wirklich lebenswahrer Roman – aber wo ist etwas Hervorragendes, wovor man unwillkürlich stehen bleibt, was einen wirklich packt und bis ins Innerste hinein durchschauert? Wie zum Beispiel bei Klinger, Rops, Dostojewski, Garborg, Hamsun? –

»Ja, aber Marie Baschkirzew! erwidert der Chor der Frauenrechtlerinnen. – Wieder nur eine, eine Ausnahme, ein Phänomen, weil in ihr sich Schönheit, Erotik und leidenschaftliche Begabung vereinigt – ein Phänomen, von dem man aber nicht weiß, was schließlich noch daraus geworden wäre: eine große Künstlerin, eine große Geliebte oder beides – oder keines von beidem.

Eine Frau, die in der Kunst etwas leisten will, sich berufen fühlt, darin etwas zu leisten, hängt mehr als bei allen andren Berufsarten davon ab, wie sie zum Leben steht. Wer das Leben nicht kennt, wer nicht Schuld und Schmerzen, wer nicht Verzweiflung und schwindelndes Glück an sich selbst erfahren hat, wird nie und nimmer etwas schreiben oder bilden können, was in der Seele anderer die tiefen

Schauer des Lebens auslöst. Wo das nicht der Fall ist, kann auch nicht von Kunst gesprochen werden.

Es gibt aber doch Frauen genug, die das Leben kennengelernt haben, in all seinen Höhen und Tiefen, wird man mir einwenden. Ja, die gibt es, aber meist bleiben sie als gebrochene Existenzen am Wege liegen, wenn sie nicht wenigstens die Mittel besitzen, um ganz unabhängig zu leben, jeder Kritik und jedem Lästermaul die Stirne zu bieten, mit einem Wort: *um auf die Gesellschaft zu pfeifen*. Denn alle tief gehenden Erlebnisse nehmen die Frau, eben infolge ihrer physischen Beschaffenheit, mehr mit als den Mann. Und dann: Jede Frau, die sich ausleben will, muss den Kampf gegen eine erdrückende Übermacht, gegen die Gesellschaft aufnehmen. Eine Frau, die eine Vergangenheit und womöglich noch eine Gegenwart hat, ist vor der Gesellschaft gleich dem Manne, der im Zuchthaus gesessen ist.

Das einzige künstlerische Gebiet, wo die Frau wirklich Gleichwertiges mit dem Mann leistet, ist die Bühne – der eklatanteste Beweis, dass sie nur da etwas zu sein und zu leisten vermag, wo sie ihrem Geschlecht und ihrer aus demselben hervorgehenden Veranlagung keinen Zwang aufzuerlegen braucht. Und das ist von allen Künsten nur bei der dramatischen der Fall; das Material, mit dem sie hier zu arbeiten hat, ist sie selbst, ihr eigener Körper, ihre Stimme, ihre Bewegungen, und der Mann ist hier nicht der Konkurrent, mit dem sie ihre Kräfte messen soll, sondern wie im Leben der Partner, der Mitspielende. Und ferner, was von großer Bedeutung ist, die Schauspielerei ist keine eigentlich produktive Kunst, es handelt sich nur um die Auffassung, das Sich-Hineinleben, Nachempfinden. Wir haben große Schauspielerinnen und große Tänzerinnen, aber keinen bedeutenden weiblichen Komponisten oder Dramatiker.

Alles das zeigt uns so deutlich, dass die Natur sich nicht dreinreden lässt. Und wo man ihr dennoch dreinredet, da rächt sie sich. Was kommt denn dabei heraus, wenn man es wirklich durch Gewohnheit und `Training` dahin bringt, dass es im nächsten Jahrhundert Frauen gibt, die ebenso schwere Lasten heben oder (`pardon, messieurs!`) ebenso viel Ballast im Gehirn herumschleppen wie mancher hochgelahrte Mann? Dass die Frau selbst nichts von ihrem Leben hat, dass die Gaben des Genusses, die die Natur in sie gelegt hat, ungenossen verkümmern, dass sie für den Mann allen Reiz verliert und die Welt immer langweiliger und geschlechtsloser wird?

Das eine ist ja richtig, und das mag jeder, der nicht die Gottesgabe besitzt, die Dinge so zu nehmen, wie sie nun einmal sind, als Ungerechtigkeit empfinden. Der Mann *hat* die Stellung, die ihm von Naturwegen zukommt, er ist überall der Herrschende, Angreifende, in allen Lebenslagen, in allen Berufen. Er hat sozusagen das Element, und die Möglichkeit, in dasselbe zu gelangen, ist gegeben. Er kann leichter zu seinem Recht als Mann und als Mensch kommen als die Frau zu *ihrem* Recht. Sie ist nicht zur Arbeit, nicht für die schweren Dinge der Welt geschaffen, sondern zur Leichtigkeit, zur Freude, zur Schönheit – ein Luxusobjekt in des Wortes schönster Bedeutung, ein beseeltes, lebendes, selbstempfindendes Luxusobjekt, das Schutz, Pflege und günstige Lebensbedingungen braucht, um ganz das sein zu können, was es eben sein kann. Für den harten Kampf mit dem Dasein sind wir nicht gemacht, das weiß auch jede Frau, die durch die Verhältnisse zu solchem Kampf gezwungen ist. Sie leidet darunter, weil sie fühlt, dass es gegen ihre Natur ist. Wenn wir die kurze Zeit des Lebens damit ausfüllen, Männer zu lieben, Kinder zu bauen und an allen leichten erfreulichen Dingen der Welt teilzunehmen, so haben wir genug getan, und dafür, dass wir unsere Kraft und unseren Körper den Männern und Kindern geben, verdienen wir, dass man uns das Leben äußerlich so leicht gestaltet wie nur möglich. Wir sind dazu da, es gut zu haben und uns nicht plagen zu müssen. Aber stattdessen sind Tausende und Abertausende von Frauen gezwungen, sich um das tägliche Brot zu schinden und abzurackern, sich Körper und Geist durch übermäßige Anstrengungen zu zerstören und auf ihren Reiz und ihre Funktion als Weib ganz oder teilweise zu verzichten. Darin liegt das Verkehrte, das Unmenschliche, die Grausamkeit gegen das Weib. Darüber sollte man sich entrüsten und wehklagen, wenn doch einmal gewehklagt werden muss.

Vielleicht entsteht noch einmal eine Frauenbewegung in diesem Sinn, die das Weib als Geschlechtswesen befreit, es fordern lehrt, was es zu fordern berechtigt ist, volle geschlechtliche Freiheit, das ist, freie Verfügung über seinen Körper, die uns das Hetärentum wiederbringt. Bitte, keinen Entrüstungsschrei! Die Hetären des Altertums waren freie, hochgebildete und geachtete Frauen, denen niemand es übel nahm, wenn sie ihre Liebe und ihren Körper verschenkten, an wen sie wollten und so oft sie wollten, und die gleichzeitig am geistigen Leben der Männer mit teilnahmen. Das Christentum hat stattdessen die Einehe und – die Prostitution geschaffen. Letztere ist ein Beweis dafür, dass die Ehe eine mangelhafte Einrichtung ist. In einem Teil der Frauen sucht man von Jugend auf durch die christlich-moralische Erziehung das Geschlechtsempfinden abzutöten, oder man verweist sie auf die Ehe, mit der Behauptung, dass die Frau überhaupt monogam veranlagt sei. Gleichzeitig richtet man die Prostitution ein, zwingt also den anderen Teil der Frauen polygam zu sein, damit den Männern geholfen werde, für die wiederum die Ehe unausreichend ist. Der Geschlechtstrieb und seine Befriedigung überhaupt wird als ein notwendiges Übel hingestellt, dem so oder so abgeholfen oder gesteuert werden müsse. In der Ehe wird er zur Pflicht gestempelt, außerhalb derselben verpönt oder seine Befriedigung in möglichst unästhetische Formen, wie unsere heutige staatlich konzessionierte Prostitution, gebracht. So geht mir doch mit der Behauptung, die Frau sei monogam! – Weil Ihr sie dazu zwingt, ja! Weil Ihr sie Pflicht und Entsagung lehrt, wo Ihr sie Freude und Verlangen lehren solltet. Weil Ihr kein Schönheitsgefühl im Leibe habt. Was ist denn ästhetischer und im wahren Sinne moralischer: wenn Ihr Eure blühenden Mädchen zu abgestorbenen Gespenstern macht und Eure Söhne ins Bordell schickt, oder wenn Ihr sie sich miteinander in Schönheit ihres Lebens freuen lasst?

Nun, Gott sei Dank, unsere christliche Gesellschaftsmoral hat sich mehr als gründlich überlebt die letzten Jahrzehnte. Die moderne Bewegung hat die junge Generation wieder etwas von der mutigen

Frohheit des Heidentums gelehrt. Wir haben angefangen, die alten Gesetzestafeln zu zerbrechen.

Warum sollte da moderne Heidentum uns nicht auch ein modernes Hetärentum bringen? Ich meine, den Frauen den Mut zur freien Liebe vor aller Welt wiedergeben? In Frankreich ist man uns in dieser Beziehung, in der erotischen Kultur jedenfalls, weit voraus. Wir Deutschen müssen uns erst das schwere Blut, das kalte nordische Schuldbewusstsein und Verantwortungsgefühl abgewöhnen.

Und um wieder auf die Frauenbewegung zurückzukommen: Sie ist die ausgesprochene Feindin aller erotischen Kultur, weil sei die Weiber vermännlichen will. Sie will unsern blutarmen, höheren Töchtern durch Gymnasium und Studium das bisschen Geschlecht noch völlig abgewöhnen, womöglich durch ihre idealen Forderungen à la Björnsons »Handschuh« auch die Männer zur Askese erziehen.

Es kann einem Angst und Bange werden, wenn man diese »Extremsten« in geteiltem Lodenrock und gestärkter weißer Weste auf den Katheder steigen und mit einer Stimme, wie eine Bassklarinette über »Das Weib« reden hört. Sie meinen ja gar nicht das Weib, sie wollen ja gar nicht das Weib. Gott weiß, was sie überhaupt wollen. Es ist uns aus guter Quelle bekannt, dass hier in München im vorigen Jahre eine Versammlung von Viragines stattfand, wo unter anderm auch die Frage aufgeworfen wurde, ob die Männer überhaupt noch zum Geschlechtsgenuss zugelassen werden sollten. Mit knapper Stimmenmehrheit, mit einer einzigen Stimme Majorität, wurde die Frage »für diesmal noch« bejaht, wenn auch unter manchen Einschränkungen. – Mein Gott, es fällt uns ja nicht ein, die lesbische Liebe prinzipiell zu »verdammen«. Der Verdammungsstandpunkt ist für uns moderne Heiden überhaupt ein überwundener. Unter der anmutigen Form, wie sie uns Pierre Louys in seiner »Aphrodite« schildert, sind wir gern bereit, sie als berechtigt anzuerkennen, als Bereicherung der Welt um ein graziöses Laster. Aber an den Viragines unserer Tage mit Herrenwesten und Lodenröcken irgendein ästhetisches Wohlgefallen zu finden – das ist zu viel verlangt.

Darwin erzählt uns, dass die englischen Schafzüchter sexuelle Zwischenformen aus ihrer Herde ausmerzen, weil sie weder schöne Wolle noch gute Hammelrücken liefern. Die Natur hat unter den Menschen bereits dasselbe getan. Die neusten Lehrbücher der pathologischen Anatomie konstatieren, dass die Hermaphroditen im Aussterben sind. Die Viragines, die bei uns die Männer abschaffen wollen, sind also wohl zum größeren Teil nur hermaphroditische Geister, mit denen der gesunderotische Geist des neuen Heidentums, dessen Sieg wir vom nächsten Jahrhundert erhoffen, bald aufräumen wird.

Erziehung und Sittlichkeit
(1900)

Von uns «modernen» Menschen, die der jüngeren Generation angehören, haben viele – ich darf wohl ruhig sagen, die meisten – einen schweren Kampf kämpfen müssen, ehe sie sich von dem angestammten Milieu, von dem Einfluss einer sogenannten guten Erziehung und all ihren vorsündflutlichen Moralprinzipien und Anschauungen freimachten, um sich auf den Boden einer freieren und froheren Lebensauffassung zu stellen.

Es ist deshalb auch wohl mehr als selbstverständlich, dass wir danach trachten, diese Errungenschaften des Kampfes unseren eigenen Kindern zukommen zu lassen.

Wir werden uns dabei unbedingt in einen schroffen Gegensatz zu der Erziehungsmethode stellen müssen, die in allen guten Familien üblich ist, und deren Hauptcharakteristikum das Verschleiern und Vertuschen aller das Geschlechtsleben betreffenden Fragen ist.

Eben dieses Vertuschungssystem soll durch die Lex Heinze nun auch der Allgemeinheit im öffentlichen Leben – soweit es sich innerhalb des Gebietes von Kunst und Literatur bewegt – aufoktroyiert werden. Eines seiner Hauptmomente ist die Verpönung des Nackten in der Kunst.

Wir aber sehen im Nackten überhaupt – sowohl im Leben wie in der Kunst – nicht nur keine «Sünde», sondern ein positives erzieherisches Moment von hoher Bedeutung. Denn wir wollen die heranwachsenden jungen Seelen nicht in dem lüsternen Schauder vor der Nacktheit erziehen, sondern zur gesunden Freude an allem Schönen, mag es nun Kunst oder Natur, nackt oder angezogen sein – zum gesunden Abscheu vor allem, was wirklich unschön ist. Sie sollen jenes künstlich angezüchtete «Schamgefühl» gar nicht kennenlernen, das in jedem Wesen des anderen Geschlechts einen Gegenstand der verbotenen Neugier sieht und eben dadurch auch am eigenen Körper ein unheimlich lockendes Rätsel wittert.

Und wie leicht wäre das zu erreichen, indem man das Kind nicht mehr ängstlich vor dem Anblick der persönlichen oder bildlichen «Nudität» schützt und seine natürliche, naive Neugier durch eine seinem Verständnis angemessene Antwort zufriedenstellt, anstatt sie durch das obligate «Das verstehst du noch nicht» – oder «Davon spricht man nicht» – noch mehr zu reizen. Wir wollen ihm grade seine Unbefangenheit bewahren, indem wir das Sexuelle so viel wie möglich aus den das Leben des Kindes bedingenden Elementen ausschalten. Dieser Zweck kann nur dadurch erreicht werden, dass das Geschlechtsbewusstsein, so lange es irgend angeht, zurückgedrängt wird. Und das Mittel, ihn zu erreichen, ist nicht etwa jenes Versuchungssystem, das das Kind in ewigem Zweifel lässt und eben dadurch seine Neugier reizt – sondern eine gemeinsame Erziehung beider Geschlechter ohne alle überflüssige Geheimnistuerei und verbunden mit der Ausbildung eines rein-ästhetischen Wohlgefallens an der Nacktheit.

Wir wollen deshalb in der Erziehung darauf hinwirken durch häufige Betrachtung des Nackten – sei es im Leben oder in künstlerischen Darstellungen, sei es am eigenen oder am Körper eines anderen –, darauf hinwirken, dass die Wertung des Schönen immer stärker in den Vordergrund tritt. Und eine solche Anschauungsweise wird das «Schnüffeln» nach den Sexualcharakteren ganz von selbst aufheben. Es wird uns auf diese Weise unendlich viel leichter fallen, das Kind vor jeder verfrühten Schädigung seines Geschlechtslebens zu bewahren, es zu lehren, dass der Maßstab seiner Handlungen nicht sein «moralisches», sondern ausschließlich sein ästhetisches Gefühl sein soll. Das ist meiner Ansicht nach das beste Schamgefühl, was wir in unseren Kindern entwickeln können.

Tritt dann später bei dem geschlechtsreifen jungen Menschen durch Betrachtung des Nackten eine sinnliche Reaktion ein, so brauchen wir dieselbe nicht zu fürchten. Wir wollen die Auslösung des Geschlechtstriebes nur so weit als möglich herausschieben – bis sie mit dem Eintritt der völligen physiologischen Reife zur gebieterischen inneren Notwendigkeit wird. Mir speziell als Mutter würde es weit sympathischer sein, wenn mein Sohn mit achtzehn Jahren ein ihm gleichstehendes junges Mädchen verführt, als wenn er sich seine Unschuld bis in die Zwanziger hineinbewahrt, um sie dann schließlich im Bordell zu verlieren.

Wenn dann Knabe und Mädchen sich beim Erwachen als Mann und Weib wiederfinden, so wird diese bestätigte Erkenntnis des eigenen wie des anderen Geschlechts ihnen zu einer Offenbarung werden, aus der sie als neue Menschen hervorgehen. Und dann werden sie auch den Verlust der «Unschuld» nicht etwa als Niederlage, sondern als Triumph, als frohen Sieg empfinden.

Zur Niederlage hat ihn überhaupt erst das Christentum gemacht, das bei seinen altruistischen Tendenzen jede Forderung, die aus rein persönlichem Empfinden hervorgeht, mit der unliebenswürdigen Bezeichnung «Sünde» belegt.

Aber das lebendige Recht, das jede normale und erst recht jede starke Persönlichkeit in sich trägt, lässt sich durch tote Abstraktionen und dogmatische Formeln nicht aus der Welt schaffen. Um so weniger, da all diese moralischen Forderungen von einer einzigen, dazu noch mythisch-sündlosen Persönlichkeit – Christus – abgeleitet sind.

Das Christentum hat den Menschen in einen unlöslichen Konflikt zwischen seine eigene Natur und die ihm aufgezwungene Moral gestellt.

Da die Kirche einzig und allein durch diesen moralischen Zwang die Obermacht behaupten konnte, so schuf sie zum Beispiel einerseits als Vorbild das Zölibat, andererseits musste sie aber daneben die bekannte Pfarrersköchin dulden, von der der Volkswitz sagt: Der Teufel holt keine Pfarrersköchin. Denn da die Vertreter der Kirche im letzten Grunde ja schließlich auch nur Menschen sind, so leiden sie ebenso gut wie alle anderen unter den «Anfechtungen des Fleisches».

In der Kasuistik erfanden sich dann speziell die Jesuiten ein vorzügliches Mittel, das moralisch Verbotene sophistisch in ein moralisch Erlaubtes zu verdrehen und so die Befriedigung ihrer natürlichen menschlichen Sinnlichkeit zu ermöglichen – wie z. B. der Holländer Cornelius Adriansen oder der Pater Girard.

Bekannt genug ist ja fernerhin das Ausfragen in der Beichte, das mit Vorliebe an Kindern geübt wird, um ihnen den Begriff der Keuschheit klarzumachen.

Wir morallosen Nichtchristen sind gewiss die Letzten, die es jemand zum Vorwurf machen, wenn er tut, was er nicht lassen kann. Wir empören uns nur gegen die Heuchelei, die durch diese christliche Moral groß gezüchtet wird, und die jetzt durch die Lex Heinze noch mehr gesteigert werden soll – wir empören uns dagegen, dass diese Art von Leuten Jahrhunderte hindurch die Erzieher der Menschheit waren, dass sie jetzt uns und unsere Kinder lehren wollen, was Schamgefühl ist.

Aber die Lex Heinze ist schließlich nur eine vereinzelte Äußerung, auf die wir, wenn sie uns wirklich aufgedrängt werden sollte, schon die rechte Antwort in Worten und Werken finden wollen. Wir machen vor allem Opposition gegen die ganze Anschauungsweise, die sich solche Eingriffe in das persönliche Leben und Empfinden erlaubt.

Und im Prinzip der Erziehung wird der Konflikt fortbestehen, solange eben das Christentum besteht. Der erste, allererste Begriff, den die christliche Erziehung das Kind lehrt, ist «die Sünde». Dadurch wird ihm von vornherein die Harmlosigkeit dem

Leben gegenüber genommen und zugleich der lockende Reiz des Heimlichen, Verbotenen suggeriert. Es beginnt an sich selbst zu zweifeln, denn es erfährt, dass es mit eigener Macht die Sünde nicht überwinden kann, dass es gleichsam an einer unheilbaren Krankheit – der Erbsünde – leidet, also «sündig» ist, selbst wenn es gar nichts Schlimmes getan hat. Mit einem Wort, es sieht sich in lauter unlösliche Widersprüche verwickelt, besonders natürlich wieder da, wo der Religionsunterricht das sexuelle Gebiet streift.

Zum Beispiel: Das Kind lernt in der Religionsstunde «Du sollst deinen Vater und deine Mutter ehren» und: «Gott selbst hat den Ehestand eingesetzt und geheiligt». – Und gleichzeitig muss es in der Kirche beten: «Ich armer sündiger Mensch, der ich in Sünden empfangen und geboren bin». –

Ist das etwa kein Widerspruch? Ich soll meine Eltern ehren, und die Ehe ist etwas Heiliges – und doch mussten meine Eltern eine Sünde begehen, um mich in die Welt zu setzen. –

Wird das Kind dadurch nicht angetrieben, in dem Zusammenleben seiner Eltern etwas Verbotenes zu sehen und darüber nachzugrübeln, worin dies Verbotene besteht? –

Man erzählt ihm von Christi Geburt und Marias Schwangerschaft, während dieselben Vorgänge im gewöhnlichen Leben ängstlich verborgen oder mit albernen Storchgeschichten umgegangen werden.

Es lernt in der biblischen Geschichte, dass Abraham, Jakob, Salomo, David etc. auserwählte Knechte Gottes waren. Dabei gibt man ihm unbedenklich die Bibel in die Hand, wo es lesen kann, dass Jakob ein äußerst mangelhaftes Verhältnis für die Begriffe «Mein und Dein» hatte – dass Abraham im stillschweigenden Einverständnis mit dem lieben Gott sich «zu seiner Dienstmagd Hagar legte» – dass «Salomo siebenhundert Weiber zu Frauen hatte und dreihundert Kebsweiber».

Das sind nur ein paar aufs Geratewohl herausgezogene Beispiele, es ließen sich aber noch unzählige andere anführen, die, ohne grade unzüchtig zu sein, doch das Schamgefühl gröblich verletzen können. Die Bibel ist so ziemlich die pikanteste Lektüre, die man einem heranwachsenden Kinde in die Hand geben kann, und doch fällt es – meines Wissens wenigstens in den meisten protestantischen Familien – keinem Menschen ein, dieselbe wegzuschließen.

Das Christentum gibt in seinem Dekalog fast ausschließlich Verbote, es stellt nur fest, was der Mensch nicht soll, nicht darf, ohne jede Rücksichtnahme auf die Wünsche und Bedürfnisse des Individuums. Niemals ist die Rede davon, was dasselbe darf, kann, mag, muss.

Der gleiche Widerspruch zieht sich auch durch unser ganzes Gesellschaftsleben, das ja immer noch auf christlichen Grundlagen beruht, und ebenso durch das Staatsleben, in dem z. B. der Totschlag verboten, der Krieg aber erlaubt ist.

Und was kommt bei dieser negierenden Lebensauffassung heraus?

Das Christentum verspricht dem sich gläubig Unterwerfenden zur Belohnung imaginäre Güter in einem Jenseits, «das noch keines Menschen Auge geschaut hat». Den Lebensinhalt des Christen bildet also im Grunde nur die Sehnsucht nach dem Tode.

Wir aber wollen unsere Kinder nicht in dieser hoffnungslosen Entsagungsödigkeit aufziehen, die man uns in unserer Kindheit gepredigt hat – die manchen von uns um den schönsten Teil seiner Jugend gebracht hat. Dieses trostlose «Nein!» dem Leben gegenüber, das eben ist die Erbsünde, von der wir sie erlösen wollen – zu einem frohen, selbstbewussten «Ja».

Und da sie nun doch einmal in Sünden empfangen und geboren sind, wollen wir sie auch den Mut zur Sündhaftigkeit lehren – die wir lieber Lebensfreude nennen.